So wird es gemacht:

Öffne das miniLÜK®-Kontrollgerät und lege die Plättchen in den unbedruckten Deckel! Jetzt kannst du auf den Plättchen und im Geräteboden die Zahlen 1 bis 12 sehen.

Beispiel: Seite 2
Addieren und Subtrahieren bis 20
Nimm z.B. das Plättchen 3 und sieh dir die Aufgabe 3 an:

3 Im Garten leben 2 Igel. Sie bekommen 2 Junge. Wie viele Igel sind das zusammen?

Es sind 4. Suche nun unten in der Lösungsspalte dein richtiges Ergebnis. Darunter steht die Feldzahl, auf die du das Plättchen legen musst. Lege also das Plättchen 3 auf das Feld 8 im Kontrollgerät. Die Zahl 3 muss nach oben zeigen.

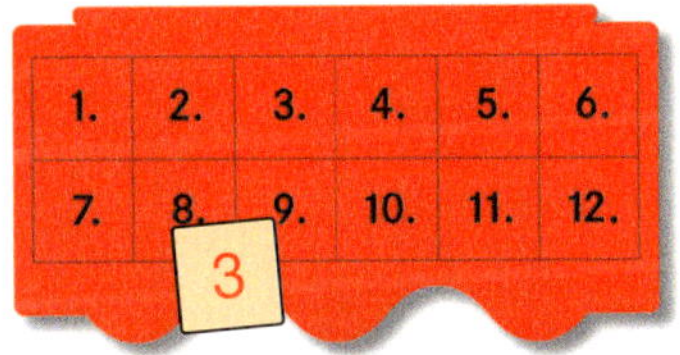

So arbeitest du weiter, bis alle 12 Plättchen im Geräteboden liegen. Schließe dann das Gerät und drehe es um! Öffne es von der Rückseite! Wenn du das bei der Übungsreihe abgebildete Lösungsmuster siehst, hast du alle Aufgaben richtig gelöst.

Passen einige Plättchen nicht in das Muster, dann hast du dort Fehler gemacht. Drehe diese Plättchen da, wo sie liegen, um, schließe das Gerät, drehe es um und öffne es wieder! Jetzt kannst du sehen, welche Aufgaben du falsch gelöst hast. Nimm diese Plättchen heraus und suche die richtigen Ergebnisse! Kontrolliere dann noch einmal! Stimmt jetzt das Muster?

Und nun viel Spaß!

Addieren und Subtrahieren bis 20

1 An der Haltestelle warten 12 Personen. 3 Frauen kommen dazu. Wie viele Personen warten jetzt?

2 In der Kiste sind 12 Flaschen Apfelsaft. 7 Flaschen sind leer. Wie viele Flaschen sind voll?

3 Im Garten leben 2 Igel. Sie bekommen 2 Junge. Wie viele Igel sind das zusammen?

4 „Es waren doch 10 Würstchen, jetzt sind nur noch 8 da“, wundert sich die Mutter. Wie viele Würstchen hat der Hund gefressen?

5 Zu den 15 roten Johannisbeersträuchern pflanzt Herr Dräger noch 3 schwarze. Wie viele Sträucher sind das zusammen?

6 In der Schachtel sind 6 Wachsmalstifte. 3 sind abgebrochen. Wie viele Stifte sind ganz?

Lösung	2	3	4	5	15	18
Feld	6	9	8	10	11	2

7 In der Straßenbahn sitzen 11 Personen. 8 Fahrgäste steigen zu. Wie viele Personen fahren mit?

8 Der Zug hat 20 Anhänger, 10 werden abgekoppelt. Wie viele Anhänger hat der Zug jetzt noch?

9 Elena hat 9 Kakteen. 2 Kakteen blühen rot, die anderen gelb. Wie viele Kakteen blühen gelb?

10 „Zu meinem Geburtstag kommen 4 Jungen und 4 Mädchen!“ Wie viele Kinder kommen zu Hennings Geburtstag?

11 Das Puzzle besteht aus 20 Teilen. Inka hat 3 Teile zusammengelegt. Wie viele Teile fehlen noch?

12 „Das reicht jetzt“, sagt Stefan. Er hat 10 Eier rot und 4 grün gefärbt. Wie viele Eier sind das zusammen?

Lösung	7	8	10	14	17	19
Feld	1	5	4	3	7	12

Addieren und Subtrahieren bis 20 und von Zehnerzahlen

1 Matthias hat 10 Ritter. Heiner hat 20 Ritter.
Wie viele Ritter haben sie zusammen?

2 Inga bindet 5 Narzissen und 3 Tulpen zu einem Strauß.
Aus wie vielen Blumen besteht er?

3 Benno rechnet 10 Aufgaben. 3 Ergebnisse sind falsch.
Wie viele Aufgaben hat er richtig gerechnet?

4 Das Eichhörnchen hat 80 Nüsse gesammelt. 70 hat es davon gefressen. Wie viele Nüsse hat es noch?

5 5 Mädchen und 4 Jungen machen eine Radtour.
Wie viele Kinder fahren mit?

6 Der Schlachter hat 100 Bratwürste hergestellt. 60 Würste wurden verkauft. Wie viele sind noch übrig?

Lösung	7	8	9	10	30	40
Feld	7	3	1	11	12	4

7 Im Kindergarten sind 40 Kinder. 20 kommen in die Schule. Wie viele Kinder bleiben im Kindergarten?

8 „Ich bin 10 Jahre alt. Erst habe ich 4 Jahre in Bielefeld gewohnt und dann in Kassel.“ Wie viele Jahre wohnt Iris schon in Kassel?

9 „Sind 6 Kuscheltiere und 5 Puppen nicht zu viel im Bett?“ fragt die Mutter. Wie viele Spielsachen nimmt Sonja mit ins Bett?

10 Elke hat 10 Briefmarken aus Italien und 40 aus England. Wie viele Briefmarken hat sie zusammen?

11 Herr Zeller zahlt 80 Euro für das Bild und 20 Euro für den Rahmen. Wie viel Euro bezahlt er zusammen?

12 Auf dem See schwimmen 17 Enten. 5 Enten fliegen fort. Wie viele Enten bleiben auf dem See?

Lösung	6	11	12	20	50	100
Feld	9	8	10	5	6	2

Addieren bis 100 ohne Zehnerüberschreitung und von Zehnerzahlen

1 Carla reiht 30 blaue und 5 grüne Perlen auf. Aus wie vielen Perlen besteht die Kette?

2 Beim Autohändler stehen 41 neue Autos und 8 Gebrauchtwagen. Wie viele Autos sind das zusammen?

3 Frau Heller schneidet die Torte in 12 und den Butterkuchen in 6 Stücke. Wie viele Stücke Kuchen sind das zusammen?

4 In der Klasse haben 9 Kinder blaue und 10 Kinder braune Augen. Wie viele Kinder sind in dieser Klasse?

5 Simon hat 56 Pilze gefunden. Sein Vater nur 4. Wie viele Pilze haben sie zusammen?

6 „Jetzt habe ich 24 Kniestrümpfe und 5 Hosen aufgehängt", stöhnt Thomas. Wie viele Wäschestücke sind das zusammen?

Lösung	18	19	29	35	49	60
Feld	8	4	12	3	11	2

7 Jutta und Claus backen 50 Zimtsterne und 50 Mandelringe.
Wie viele Plätzchen backen sie?

8 Im neuen Hochhaus sind 61 Wohnungen bewohnt. 5 Wohnungen stehen noch leer. Wie viele Wohnungen hat das Hochhaus?

9 Im Käfig der Tierhandlung sind 13 blaue und 7 grüne Wellensittiche. Wie viele Vögel sind im Käfig?

10 Malte zählt 40 Bäume auf der linken und 40 Bäume auf der rechten Straßenseite. Wie viele Bäume stehen an der Straße?

11 Irene sammelt 60 und ihr Bruder 30 Kastanien.
Wie viele Kastanien haben sie zusammen?

12 Im Erdgeschoss wohnen 9 Personen.
In den anderen Stockwerken wohnen 50 Personen.
Wie viele Personen sind das zusammen?

Lösung	20	59	66	80	90	100
Feld	7	6	5	9	1	10

Addieren bis 100 mit Zehnerüberschreitung

1 Klaus hat 57 Euro auf dem Sparkonto. Er zahlt 5 Euro ein. Wie viel Euro sind jetzt auf seinem Konto?

2 Nico hat 36 Aufkleber gesammelt. Sein Bruder schenkt ihm 7 Aufkleber dazu. Wie viele hat Nico jetzt?

3 Im Parkhaus sind 78 Plätze besetzt. 9 Autos kommen dazu. Wie viele Plätze sind jetzt besetzt?

4 In der neuen Schulbücherei stehen 88 Bücher. 3 ausgeliehene Bücher werden zurückgegeben. Wie viele Bücher stehen jetzt dort?

5 Im Schulbus sind 19 Plätze besetzt. 4 Kinder steigen ein. Wie viele Plätze sind jetzt besetzt?

6 Auf dem Teich schwimmen 27 Enten und 6 Schwäne. Wie viele Vögel sind das zusammen?

Lösung	23	33	43	62	87	91
Feld	5	1	8	3	11	4

7 Gero hat am Vormittag 17 und am Nachmittag 7 Seiten gelesen. Wie viele Seiten hat er insgesamt gelesen?

8 Im Obstgarten stehen 47 Apfelbäume und 4 Birnbäume. Wie viele Obstbäume stehen dort?

9 In der Klasse 2a sind 29 Kinder, in der 2b sind 32 Kinder. Wie viele Kinder sind in beiden Klassen?

10 In der ersten Halbzeit warfen die Handballer 18 und in der zweiten Halbzeit 19 Tore. Wie viele Tore fielen insgesamt?

11 Auf dem Dach sitzen 26 Tauben und 15 Dohlen. Wie viele Vögel sind das zusammen?

12 Volker kauft eine CD für 14 Euro und ein Buch für 12 Euro. Wie viel Euro hat er ausgegeben?

Lösung	24	26	37	41	51	61
Feld	10	7	9	12	2	6

Subtrahieren bis 100 ohne Zehnerüberschreitung

1 Die Buchhändlerin muss 100 Bücher einsortieren. 40 Bücher sind noch im Karton. Wie viele Bücher hat sie bereits ins Regal gestellt?

2 Im Schullandheim übernachten 40 Kinder. 8 Kinder schlafen bereits. Wie viele Kinder sind noch wach?

3 In der Klasse 2 sind 20 Kinder. 9 Kinder können schwimmen. Wie viele Nichtschwimmer sind in der Klasse?

4 Frau Kahmann hat 15 Dosen Katzenfutter gekauft. 3 Dosen sind verbraucht. Wie viele Dosen sind noch übrig?

5 Lisa hat 30 Blatt Papier. Aus 5 Blättern faltet sie Papierflieger. Wie viele Blätter bleiben übrig?

6 Carla muss 14 Kinder suchen. Sie hat 4 gefunden. Wie viele Kinder sind noch versteckt?

Lösung	10	11	12	25	32	60
Feld	2	6	4	12	1	3

7 Der Bäcker Vollmer backt 80 Brote. Frau Köpper kauft 5 Brote. Wie viele Brote sind noch übrig?

8 Für die Ferienfahrt sind 96 Kinder angemeldet. 3 Kinder können wegen Krankheit nicht mitfahren. Wie viele Kinder fahren noch mit?

9 Das Karussell hat 58 Plätze. Nur 2 Plätze sind belegt. Wie viele Plätze sind noch frei?

10 Auf der Kinderstation des Krankenhauses liegen 16 Kinder. „Heute darf ich nach Hause“, sagt Uwe. Wie viele Kinder müssen noch bleiben?

11 „Ach, du Schreck“, ruft der Eiermann. Von 88 Eiern sind ihm 8 heruntergefallen. Wie viele Eier sind heil geblieben?

12 Die Polizei überprüft 79 Autos. 8 Autos sind zu schnell gefahren. Wie viele Autos sind richtig gefahren?

Lösung	15	56	71	75	80	93
Feld	9	5	8	10	11	7

Subtrahieren bis 100 mit Zehnerüberschreitung

1 Frau Greve räumt 42 Dosen ins Regal. Bis zum Abend werden 3 verkauft. Wie viele Dosen stehen noch im Regal?

2 In der U-Bahn sind 95 Fahrgäste. Am Hohen Tor steigen 7 Personen aus. Wie viele Fahrgäste fahren weiter?

3 Wolfgang will auf dem Flohmarkt 12 Autos verkaufen. Er verkauft 9. Wie viele Autos sind übrig geblieben?

4 Maren kauft einen Füller für 12 Euro. Sie bezahlt mit einem 20-Euro-Schein. Wie viel Euro bekommt sie zurück?

5 Marlies muss 15 Aufgaben rechnen. 6 hat sie schon geschafft. Wie viele Aufgaben muss sie noch rechnen?

6 Beim Autorennen starten 22 Wagen. 5 Wagen scheiden aus. Wie viele Wagen erreichen das Ziel?

Lösung	3	8	9	17	39	88
Feld	4	2	10	12	7	5

7 In der Gaststätte sitzen 33 Personen. 4 bezahlen und gehen. Wie viele Gäste sitzen noch dort?

8 In der Tierhandlung sind 27 Hamster. Am Vormittag werden 8 verkauft. Wie viele Hamster sind noch dort?

9 Eine Schulstunde dauert 45 Minuten. Nach 13 Minuten schaut Ute zur Uhr. Wie viele Minuten dauert es noch bis zur Pause?

10 Der Briefträger bringt die Post zu 87 Häusern. Nach dem 45. Haus macht er eine Pause. Zu wie vielen Häusern muss er noch gehen?

11 „61 Kilo sind zu viel, 2 Kilo will ich abnehmen!" Wie viel Kilo wiegt Steffi, wenn sie das schafft?

12 „55 Kilometer sind ganz schön viel!" „Halb so schlimm, wir haben schon 33 geschafft!" Wie viele Kilometer müssen die beiden noch fahren?

Lösung	19	22	29	32	42	59
Feld	11	6	8	3	1	9

Multiplizieren mit 2, 5 und 10

1 Helge hat Ostereier in 5 verschiedenen Farben, von jeder Farbe 2. Wie viele Ostereier hat er insgesamt?

2 Der Maler muss in 8 Wohnungen die Fenster streichen. Jede Wohnung hat 10 Fenster. Wie viele Fenster werden gestrichen?

3 Die Schlüters sind zu viert. Jeder isst zum Frühstück 2 Brötchen. Wie viele Brötchen brauchen sie?

4 Die Schneiderin näht 9 Blusen. Für jede Bluse braucht sie 10 Knöpfe. Wie viele Knöpfe braucht sie insgesamt?

5 Im Sand spielen 6 Kinder. Jedes Kind hat 5 Autos mitgebracht. Wie viele Autos haben sie zum Spielen?

6 Das Gasthaus hat 9 Zimmer. In jedem Zimmer stehen 2 Betten. Wie viele Gäste können hier übernachten?

Lösung	8	10	18	30	80	90
Feld	7	4	5	1	12	3

7 In der Klasse stehen 10 Tische. An jedem Tisch sitzen 2 Kinder. Wie viele Kinder sind in der Klasse?

8 Der Fahrstuhl fährt 8-mal mit jeweils 5 Personen nach oben. Wie viele Personen fahren hoch?

9 „Ich möchte 5 Eistüten mit je 5 Kugeln!“ Wie viele Kugeln muss der Eismann einfüllen?

10 Herr Plankart geht 2-mal am Tag mit seinem Hund spazieren. Wie viele Spaziergänge macht er in 8 Tagen?

11 Im Festsaal stehen 10 lange Tische. Der Wirt stellt auf jeden Tisch 5 Kerzen. Wie viele Kerzen braucht er?

12 7 Kinder sammeln Kastanien. Jedes Kind hat 10 Stück gefunden. Wie viele Kastanien haben die Kinder insgesamt?

Lösung	16	20	25	40	50	70
Feld	10	9	2	6	8	11

Multiplizieren mit 3 und 4

1 Lore kauft 3 Dosen mit Tennisbällen. In jeder Dose sind 4 Bälle. Wie viele Bälle hat sie gekauft?

2 Herr Walle kauft 8 Becher. Ein Becher kostet 3 Euro. Wie viel Euro muss er bezahlen?

3 Herr Griem kauft 2 Netze mit je 4 Zitronen. Wie viele Zitronen hat er gekauft?

4 Im Zoogeschäft stehen 7 Vogelkäfige. In jedem Käfig sind 4 Vögel. Wie viele Vögel sind das zusammen?

5 Birte kauft 3 Zeitschriften. Jede kostet 3 Euro. Wie viel Euro muss sie bezahlen?

6 Ulrike hat an jeder Hand 3 Ringe. Wie viele Ringe trägt sie insgesamt?

Lösung	6	8	9	12	24	28
Feld	12	4	10	7	11	8

7 Frau Heinrich hat 5 Briefe geschrieben. Jeder Brief ist 4 Seiten lang. Wie viele Seiten hat sie geschrieben?

8 Jobst spart von seinem Taschengeld jede Woche 5 Euro. Wie viel Euro hat er nach 3 Wochen gespart?

9 Im Kinderheim stehen 9 Tische mit je 4 Plätzen. Wie viele Kinder können dort sitzen?

10 Das Riesenrad hat 10 Gondeln mit je 4 Plätzen. Wie viele Personen können mitfahren?

11 Die Sommerferien dauerten 6 Wochen. In jeder Woche gab es 3 Regentage. An wie vielen Tagen hat es geregnet?

12 Das neue Haus hat 7 Stockwerke. In jedem Stockwerk sind 3 Wohnungen. Wie viele Wohnungen sind das?

Lösung	15	18	20	21	36	40
Feld	5	9	2	6	3	1

Dividieren durch 2, 5 und 10

1 Ein Buch kostet 10 Euro. Frau Keller bezahlt 30 Euro. Wie viele Bücher hat sie gekauft?

2 25 Schüler fahren mit auf Klassenfahrt. Jeweils 5 Schüler schlafen in einem Zimmer. Wie viele Zimmer werden gebraucht?

3 Jan hat 18 Gummibärchen. Er isst jeden Tag 2 Stück. Für wie viele Tage reichen die Bärchen?

4 Herr Jakob baut für seine 16 Kaninchen neue Ställe. Jeweils 2 Kaninchen kommen in einen Stall. Wie viele Ställe muss er bauen?

5 Der Bäcker verbraucht jeden Tag 5 Säcke Mehl. Es werden 50 Säcke geliefert. Für wie viele Tage reicht das Mehl?

6 „Wir teilen uns die 10 Freikarten für die Achterbahn“, sagt Lena zu ihren 4 Freundinnen. Wievielmal kann jedes Mädchen fahren?

Lösung	2	3	5	8	9	10
Feld	7	9	2	10	5	11

7 Cemal kauft 60 Tintenpatronen. In jeder Schachtel sind 10 Stück. Wie viele Schachteln hat Cemal gekauft?

8 „Ich habe den Hund 14-mal gefüttert, jeden Tag 2-mal. Jetzt bist du dran!“ Wie viele Tage hat Michael den Hund gefüttert?

9 Bei der Weihnachtsfeier werden 90 Tassen Kaffee ausgeschenkt. In jede Kanne passen 10 Tassen. Wie viele Kannen werden gefüllt?

10 „Nun muss ich 16 Schuhe wieder einpacken“, stöhnt die Verkäuferin, „immer 2 Schuhe in einen Karton.“ Wie viele Kartons füllt sie?

11 Jens hat 5 Wagen seiner Eisenbahn für 20 Euro verkauft. Wie viel Euro hat ein Wagen gekostet?

12 Die Bastelgruppe bastelt 40 Kerzenständer. 4 Kinder sind in der Gruppe. Wie viele Kerzenständer hat jedes Kind gebastelt?

Lösung	4	6	7	8	9	10
Feld	6	4	8	3	12	1

Dividieren durch 3 und 4

1 „Das macht zusammen 12 Euro." Ute, Susanne und Rosa teilen sich den Betrag. Wie viel Euro muss jedes Mädchen bezahlen?

2 Frau Günter hat für ihre 4 Kinder 24 Ostereier gekauft. Wie viele Ostereier bekommt jedes Kind?

3 40 Äpfel werden auf 4 Beutel verteilt. Wie viele Äpfel kommen in jeden Beutel?

4 Anke hat 12 Pullover in 4 verschiedenen Farben. Wie viele Pullover hat sie von jeder Farbe?

5 Carlo teilt sich mit 2 Freunden 6 Stück Kuchen. Wie viele Stücke bekommt jeder?

6 Timo hat noch 3 Stück Schokolade. Er teilt sie mit Anna und Hartmut. Wie viel Stück bekommt jedes Kind?

Lösung	1	2	3	4	6	10
Feld	9	11	7	2	10	5

7 Natalina hat 15 Fische gebraten. Sie verteilt sie auf 3 Teller.
Wie viele Fische liegen auf jedem Teller?

8 Jörg sammelt 24 Tennisballe ein. In jede Dose passen 3 Bälle.
Wie viele Dosen füllt Jörg?

9 Im Regal stehen 28 Tassen in Viererstapeln.
Wie viele Stapel sind das?

10 Franz hat 30 Münzen. Zum Zählen sortiert er sie in 3 Stapel.
Wie viele Geldstücke sind in jedem Stapel?

11 Paola zieht eine Kette mit 27 Perlen auf. Sie hat Perlen in 3 Farben. Wie viele Perlen hat sie von jeder Sorte?

12 „Das macht 18 Euro für die 3 Paar Socken."
Wie viel Euro kostet ein Paar Socken?

Lösung	5	6	7	8	9	10
Feld	1	3	12	4	6	8

Zeitpunkte und Zeitspannen

Wie viel Uhr ist es?

Beispiel: Es ist 4.10 Uhr.

1

2

3

Wie viel Zeit ist vergangen?

Beispiel: 1 Stunde 15 Minuten sind vergangen, kurz: 1 Std. 15 Min.

4

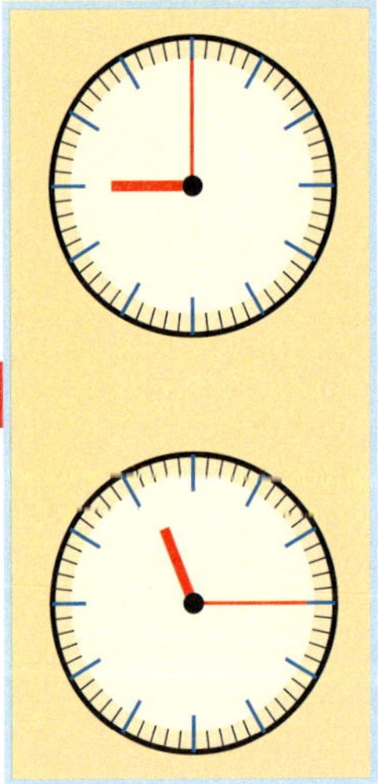

5

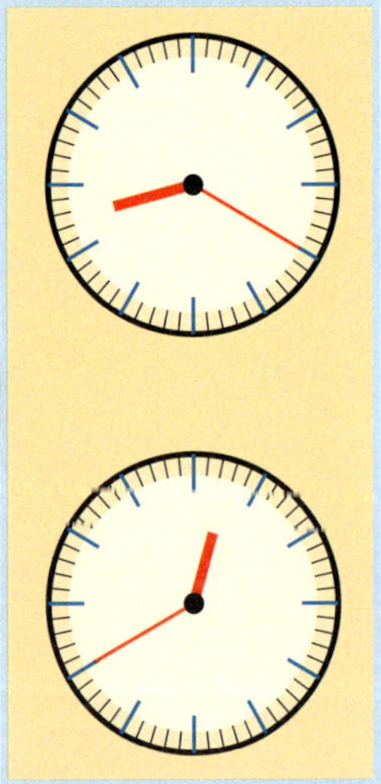

6

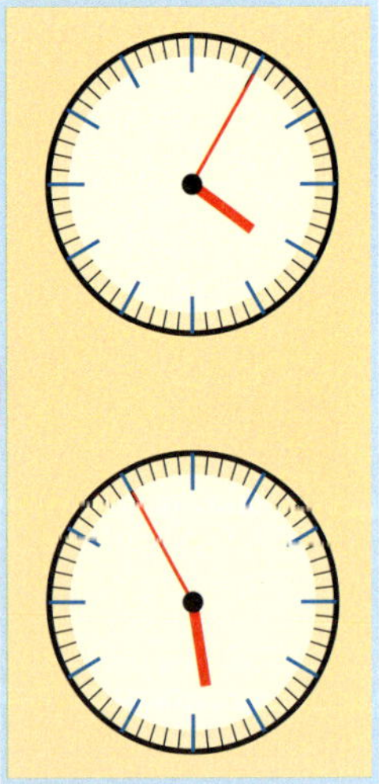

Lösung	5.45 Uhr	1 Std. 50 min.	8 Uhr	2 Std. 15 min.	9.30 Uhr	4 Std. 20 min.
Feld	11	1	10	9	8	5

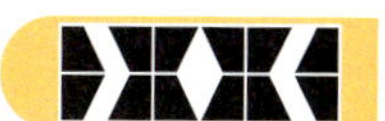

7 Ute geht um 8 Uhr zur Schule. Sie kommt nach 3 Stunden und 30 Minuten nach Hause. Um wie viel Uhr ist das?

8 Meiers fahren um 7 Uhr los. Sie kommen um 15.20 Uhr am Urlaubsort an. Wie viele Stunden waren sie unterwegs?

9 Es ist 9.15 Uhr. Peter ist seit 2 Stunden auf. Wann ist Peter aufgestanden?

10 Eine Halbzeit dauert beim Handball 30 Minuten. Wie viele Stunden dauert das ganze Spiel?

11 Um 11.22 Uhr soll der Zug ankommen. Er ist dann 82 Minuten gefahren. Wann ist er losgefahren?

12 Ulli trainiert am Dienstag von 17 bis 19 Uhr und am Freitag von 18 bis 19.30 Uhr. Wie lange trainiert er in der Woche?

Lösung	7.15 Uhr	1 Std.	10 Uhr	3 Std. 30 min.	11.30 Uhr	8 Std. 20 min.
Feld	6	4	12	7	3	2

Kalender

Tage und Wochen

1 Ein Fernzug fährt einen Tag und 7 Stunden.
Wie viele Stunden ist der Zug unterwegs?

2 Die Osterferien dauern 3 Wochen.
Wie viele Tage sind das?

3 „Meine Arbeitszeit ist genau ein Drittel eines Tages lang."
Wie viele Stunden muss Frau Adam arbeiten?

4 Martin ist seit 28 Tagen im Krankenhaus.
Wie viele Wochen sind das?

5 Die Fahrt mit der Fähre dauert einen ganzen und einen halben Tag. Wie viele Stunden sind das?

6 „In 72 Stunden fliegt unser Flugzeug," sagt Frau Köpper.
In wie viel Tagen ist das?

Lösung	3	4	8	21	31	36
Feld	5	1	3	6	2	9

Monate und Jahr

7 Wie viele Monate hat ein halbes Jahr?

8 Charlotte wurde vor 24 Monaten geboren.
Wie viele Jahre ist sie jetzt alt?

9 Wie viele Monate liegen zwischen Januar und Dezember?

10 Jürgen wurde am 16. Mai geboren. Wolfgang ist 8 Tage jünger.
Wann wurde er geboren?

11 Familie Hauser fuhr am 17. August 2000 in Urlaub. Nach 14 Tagen kam sie zurück. Welches Datum hatte dieser Tag?

12 „Am 24. September habe ich Geburtstag.“ „Heute ist erst der 13. September!“ Wie viele Tage dauert es noch bis zu Ulrikes Geburtstag?

Lösung	2	6	10	11	24.	31.
Feld	12	7	4	11	8	10

Rechnen mit Geld

1. Amanda hat vier 10-Cent-Stücke und ein 50-Cent Stück. Wie viel Cent hat sie?

2. Maren wechselt ihr 50-Cent-Stück in 10-Cent-Stücke. Wie viele Geldstücke erhält sie?

3. Axel bezahlt mit einem Euro. Er bekommt 25 Cent zurück. Wie viel Cent hat er ausgegeben?

4. Frau Schröder kauft zwei Flaschen Limo zu je 40 Cent. Wie viel Cent hat sie ausgegeben?

5. Maria kauft sich zwei Hörnchen für 90 Cent. Sie bezahlt mit einem Euro. Wie viel Cent bekommt sie zurück?

6. „Ich habe nur noch neun 5-Cent-Stücke!" Wie viel Cent sind das?

Lösung	5	10	45	75	80	90
Feld	1	12	2	6	3	4

7 Die neuen Schuhe von Helge kosten 79 Euro. Der Vater bezahlt mit einem 100-Euro-Schein. Wie viel Euro bekommt er zurück?

8 „Können Sie mir den 20-Euro-Schein in 5-Euro-Scheine wechseln?“ Wie viele Geldscheine bekommt Isabel?

9 Ivan hat 4 Wochen lang jede Woche 3 Euro gespart. Wie viel Euro sind das zusammen?

10 „Du bekommst 3 Euro zurück!“ Ina hat mit einem 50-Euro-Schein bezahlt. Wie viel Euro hat sie ausgegeben?

11 Paul kauft für sich und zwei Freunde für 6 Euro Eis. Wie viel Euro kostet jedes Eis?

12 Herr Sieber hat vier 20-Euro-Scheine und zwei 10-Euro-Scheine in der Brieftasche. Wie viel Euro hat er insgesamt?

Lösung	2	4	12	21	47	100
Feld	11	7	5	9	10	8

In den Ferien

1 Enrico will um 10.30 Uhr mit dem Zug nach Italien fahren. Um 10.14 Uhr kommt er am Bahnhof an. Wie viele Minuten dauert es bis zur Abfahrt?

2 „Ich verreise 14 Tage mit meinen Eltern. Danach fahre ich allein 8 Tage zu meiner Tante“, erzählt Roman. Wie viele Tage fährt er weg?

3 Andreas und Thomas machen eine Radtour. Am 1. Tag fahren sie 36 km, am 2. Tag 25 km. Wie viele Kilometer fahren sie insgesamt?

4 Der Eintritt ins Waldbad kostet 2 Euro. In den Ferien geht Ina 10-mal zum Schwimmen. Wie viel Euro bezahlt sie dafür?

5 Für das Zeltlager haben sich 70 Kinder angemeldet. Jeweils 10 Kinder sollen in eine Gruppe kommen. Wie viele Gruppen werden das sein?

6 Die Sommerferien dauern 6 Wochen. In jeder Woche geht Ella 3-mal zum Schwimmen. Wievielmal geht Ella zum Schwimmen?

Lösung	7	16	18	20	22	61
Feld	5	4	7	3	8	11

7 „Das ist bestimmt ein Umweg“, stöhnt Thomas. „Nun sind wir schon 6 km gelaufen und die Burg ist noch 18 km entfernt!“ Wie viele Kilometer ist der Weg lang?

8 In den Ferienwohnungen können 36 Personen übernachten. In jeder Wohnung stehen 4 Betten. Wie viele Wohnungen gibt es?

9 Sven hat seine Sandburg mit 98 Muscheln geschmückt. Die Flut spült 83 Muscheln weg. Wie viele Muscheln bleiben übrig?

10 Sonja verreist 8 Tage. Für jeden Tag erhält sie 4 Euro Taschengeld. Wie viel Euro bekommt sie für die Reise?

11 „Schade, von den 42 Ferientagen sind schon 39 vorbei“, sagt Clemens. Wie viele Tage dauern die Ferien noch?

12 Für das Zeltlager bekommt Bastian 40 Euro Taschengeld. „Dann hast du für jeden Tag 5 Euro“, sagt die Mutter. Wie viele Tage ist Bastian im Zeltlager?

Lösung	3	8	9	15	24	32
Feld	6	1	2	12	9	10

In der Schule

1 Die 1. Schulstunde dauert von 8 Uhr bis 8.45 Uhr.
Wie viele Minuten sind das?

2 Heinz hat an 5 Tagen der Woche je 4 Stunden Unterricht.
Wie viele Stunden sind das zusammen?

3 In der Klasse 2a sind 21 Kinder. 3 Kinder sind krank.
Wie viele Kinder kommen heute zur Schule?

4 In der Klassenbücherei stehen 56 Bücher. Es werden 7 neue Bücher gekauft. Wie viele Bücher sind es jetzt?

5 In der Klasse 2b sitzen 20 Kinder an 10 Tischen.
Wie viele Kinder sitzen an jedem Tisch?

6 In die Grundschule Westendorf gehen 44 Mädchen und 48 Jungen. Wie viele Kinder gehen dort in die Schule?

Lösung	2	18	20	45	63	92
Feld	4	10	5	7	2	12

7 In der Heinrichschule werden jede Woche 5 Päckchen Kreide verbraucht. In einem Päckchen sind 10 Stück. Wie viel Stück Kreide werden gebraucht?

8 „Bis jetzt haben wir 10 Euro eingenommen.“ „Dabei kostet eine Waffel nur 1 Euro.“ Wie viele Waffeln wurden beim Schulfest verkauft?

9 Von 42 Kindern trinken 23 in der Pause Kakao, die anderen Milch. Wie viele Kinder trinken Milch?

10 Beim Schulsportfest haben 17 Jungen und 24 Mädchen eine Urkunde bekommen. Wie viele Kinder waren das zusammen?

11 Beim Turnen werden 30 Kinder in 5 Riegen eingeteilt. Wie viele Kinder sind in jeder Riege?

12 Im Klassenraum stehen 7 Gruppentische. An jedem Tisch stehen 4 Stühle. Wie viele Kinder können dort sitzen?

Lösung	6	10	19	28	41	50
Feld	3	11	9	6	1	8

Zahlenrätsel

1 „Meine Zahl ist ein Drittel von 27!“

2 „Geben Sie mir das Vierfache von 10!“

3 „Zähle zu 50 die Hälfte von 100 dazu!“

4 „Ich bin so alt wie ein Viertel von 28.“

5 „Meine Zahl ist 5 mal so groß wie 5.“

6 „Nimm 7 mit 5 mal und du erhältst meine Zahl!“

7 „Wie viele Finger haben 6 Kinder?“

8 „Teile 40 durch 5, dann kennst du meine Zahl!“

9 „Kannst du schon 9 mal 4 rechnen?“

10 „Rechne 2 mal 4 und nimm davon die Hälfte!“

11 „Rechne 16 : 2 und nimm davon das Doppelte!“

12 „Deine Lieblingszahl ist 4, meine ist 6 mal größer.“

Lösung	4	7	8	9	16	24	25	35	36	40	60	100
Feld	3	10	6	9	8	11	1	5	2	12	4	7